Kristina Niemann

Wenn Kinder trauern - Trauerarbeit und Bewälti

GRIN - Verlag für akademische Texte

Der GRIN Verlag mit Sitz in München hat sich seit der Gründung im Jahr 1998 auf die Veröffentlichung akademischer Texte spezialisiert.

Die Verlagswebseite www.grin.com ist für Studenten, Hochschullehrer und andere Akademiker die ideale Plattform, ihre Fachtexte, Studienarbeiten, Abschlussarbeiten oder Dissertationen einem breiten Publikum zu präsentieren.

Dokument Nr. V16262 aus dem GRIN Verlagsprogramm

Kristina Niemann

Wenn Kinder trauern - Trauerarbeit und Bewältigungshilfen

GRIN Verlag

Bibliografische Information der Deutschen Nationalbibliothek: Die Deutsche Bibliothek verzeichnet diese Publikation in der Deutschen Nationalbibliografie; detaillierte bibliografische Daten sind im Internet über http://dnb.d-nb.de/ abrufbar.

1. Auflage 2002
Copyright © 2002 GRIN Verlag
http://www.grin.com/
Druck und Bindung: Books on Demand GmbH, Norderstedt Germany
ISBN 978-3-638-64451-8

„Wenn Kinder trauern…" – Trauerarbeit und Bewältigungshilfen

Inhaltsverzeichnis

1. Einleitung

Die Themen Tod und Trauer setzt man gewöhnlich nicht in Verbindung mit Kindern. Die meisten Menschen vermeiden dies eher mit der Begründung, Kinder könnten Tod und Trauer nicht verstehen, weil sie viel zu jung sind und von diesen Themen ferngehalten werden sollten. Doch das ist falsch.

Tod und Trauer sind Themen für alle Menschen, nicht nur für diejenigen, die gerade einen schweren Verlust erlitten haben. Denn wie wir alle mit Tod und Trauer umgehen, entscheidet darüber, wie wir unser Leben führen und begreifen.

Die meisten Menschen laufen vor der Existenz des Todes davon. Sie wollen nicht mit ihm in Berührung kommen, denn dann können sie so tun, als ob es ihn nicht gebe, als ob sie niemals mit ihm belastet werden könnten, können weiterleben wie bisher. Der Tod wird aus dem Leben ausgegrenzt, obwohl er doch ein Teil des Lebens ist. Gerade das Leben bekommt durch ihn eine andere Bedeutung. Bekannt ist, dass Menschen, die von Schicksalsschlägen getroffen wurden, bewusster leben. Die Erfahrung des Todes macht das Leben noch wertvoller. Man spürt intensiver, verliert die Oberflächlichkeit, wird sich einer neuen Tiefe bewusst. Der Tod kann bewirken, dass man das Leben aus einer neuen Perspektive betrachtet.

Aber müssen wir erst durch einen schweren Schicksalsschlag begreifen, wie wertvoll das Leben ist? Sollte man nicht lieber dem Tod den wichtigen Platz im Leben geben, der uns wieder zu einem bewussten Wissen um die eigene Sterblichkeit führt? Schon Martin Luther King sagte: „In dem Moment, in dem ihr die Furcht vor dem Tod überwindet, seid ihr frei." Doch dafür muss der Tod erst wieder Teil unseres Lebens werden.

Der Tod und die Trauer sind aus unserem heutigen Leben verbannt worden, weil das Sterben zur Krankheit gemacht wurde und nicht mehr als Teil des Lebens angenommen wird. Es geschieht anonym und am liebsten von allen ignoriert im Krankenhaus oder Pflegeheim.

Tod verkommt zum Tabu, weil die Menschen nicht mehr damit in Berührung kommen und deshalb nicht mehr wissen, wie sie damit umgehen sollen. Dadurch wird auch Trauer zu etwas, was keinen Platz mehr in unserer Welt findet. Doch auch Trauer gehört zum Leben dazu. Sie ist die Antwort der Menschen auf Abschied, Trennung und vor allem auf Verluste. Trauer tut weh, aber sie ist der Weg, den der Mensch gehen muss, um wieder weiterleben zu können.

Dies betrifft nicht nur Erwachsene, sondern auch Kinder. Gerade für Kinder sind Verluste unbegreiflich und unfassbar schmerzhaft. Damit Kinder daran nicht zugrundegehen, brauchen sie jemanden, der sie in ihrer Trauer begreift, ihre Gefühle ernst nimmt und mit ihnen den

Weg der Trauer geht. Gerade Kinder haben ein Recht auf Trauer. Sie müssen trauern dürfen, um ihr Leben weiterleben zu können. Erwachsenen reden sich jedoch leicht ein, dass Kinder nicht begreifen, was geschieht und schnell vergessen. Sie möchten die Kinder schützen, schützen durch ihre Ignoranz jedoch eher sich selbst vor unbequemen Fragen und tiefer Verzweiflung, denen sie nicht begegnen können.

Ich möchte in dieser Arbeit zunächst einen kurzen Überblick über die Bedeutung und Sicht von Tod und Trauer in der Soziologie geben.

Im Folgenden werden die Todesvorstellungen und das Trauerverhalten von Kindern und Jugendlichen jeglicher Altersstufe vorgestellt, um zu verdeutlichen, wie viel anders als Erwachsene Kinder den Tod sehen und definieren.

Danach werden Trauerverhalten und Reaktionen von Kindern nach bestimmten Todesfällen erläutert, Tod eines Haustieres, eines Verwandten, eines Freundes, Tod von Geschwistern, Tod eines Elternteils oder der Eltern und Tod der ganzen Familie.

Unter dem Kapitel Trauerprozess und Bewältigungshilfen werde ich zunächst den Weg des Trauerprozesses beschreiben, dann auf einige Bewältigungshilfen für Kinder im Trauerprozess eingehen, missverständliche Äußerungen als Antworten auf Kinderfragen analysieren und zum Schluss darauf eingehen, wie man Kinder in solchen Krisensituationen trösten kann.

2. Tod und Trauer aus soziologischer Sicht

Tod und Trauer sind keine individuellen, sondern soziale Ereignisse. Der Umgang mit Tod und Trauer spiegelt gesellschaftliche Vorstellungen und Normen wider.

Verschiedene Entwicklungen haben dazu geführt, dass der einzelne Mensch dem Tod heute sehr viel seltener und sehr viel später als früher begegnet. Seuchen und Krankheiten sind dank medizinischem Fortschritt eingedämmt, die Kindersterblichkeit hat sich rapide verringert. Die Lebenserwartung des Menschen steigt, der Tod wird immer weiter hinausgezögert.

Durch den Strukturwandel der Familie wird der Ort des Sterbens verlagert, Tod ist nicht mehr im Alltag integriert, er findet fast ausschließlich in Institutionen statt.

Dies führt dazu, dass gerade Kinder nicht mehr hautnah mit dem Tod konfrontiert werden, so dass er für sie nur noch eine abstrakte Begrifflichkeit und keine soziale Realität mehr ist.

Von daher kann ein Verhalten gegenüber dem Tod nur in unzureichender Form gelernt werden. Tod und Trauer sind nicht ins Leben integriert und können so auch nicht bewusst erlebt und bewältigt werden. Sie haben den Charakter von Katastrophen, denen vor allem

Kinder hilflos ausgeliefert sind. Deshalb werden in neueren Forschungen der Soziologie Forderungen nach einer sinnvollen Sterbeerziehung laut, die den Kindern nahe bringen soll, Tod und Trauer nicht als Störfaktoren anzusehen, sondern als normaler Bestandteil des Lebens.

3. Todesvorstellungen und Trauerverhalten von Kindern und Jugendlichen

Die Vorstellung des Todes und das Trauerverhalten entwickeln sich in jeder Altersstufe anders. Das Verständnis der Kinder und Jugendlichen hängt von ihrem aktuellen Entwicklungsstand, ihren Erfahrungen mit dem Tod und vor allem von dem Verhalten der ihnen bekannten Erwachsenen zum Thema Tod ab. Die folgenden Altersangaben sind daher nur als Anhaltspunkte zu verstehen.

Kleinkinder bis 3 Jahre

Kinder in dieser Altersstufe sind in ihrer Existenz noch total von den Eltern abhängig. Sie haben keine Vorstellung vom Tod, sondern erleben Trauer bei Trennungen. Der Tod ist somit eine Trennung. Da Kleinkinder noch kein deutliches Zeitempfinden haben, kann schon durch eine kurze, vorübergehende Trennung Trauerverhalten ausgelöst werden.
Kleinkinder haben also große Angst vor dem Fortgehen der Bezugspersonen. Kehren diese nach kurzer Zeit zurück, gibt das Kind das Trauerverhalten sofort auf. Ist dies jedoch beim Tod einer Bezugsperson nicht möglich, so reagieren Kleinkinder nach einer Zeit des Protestes, des Wehrens gegen den Verlust, mit stiller Verzweiflung und Traurigkeit. Nach längerer Zeit verhält sich das Kind gleichgültig, es hat die Hoffnung aufgegeben, seine Bezugspersonen wieder zurück zu bekommen. Es findet also ein Ablösungsprozess statt.
Kleinkinder zeigen aber auch Trauerverhalten, wenn nicht mehr auf sie eingegangen wird. Sind die Eltern also z.B. nach dem Tod eines Geschwisterkindes so mit ihrer eigenen Trauer beschäftigt, dass sie sich um das Kleinkind nicht kümmern können, reagiert das Kind mit Passivität und tiefer Traurigkeit.

Vorschulkinder von 3 – 6 Jahren

Kinder beginnen ein eigenes Ich zu entwickeln. Sie begreifen auch, dass es so etwas wie ein Nicht – Sein gibt. Tot sein heißt für sie einfach „Weg-sein". Wer weg ist, kann auch

irgendwann wieder kommen. Kinder haben in diesem Alter noch keine deutliche Zeitvorstellung und können nicht begreifen, dass der Tod ewig ist. Für sie ist er nur ein vorübergehender Zustand, tot sein ist nur etwas weniger lebendig. Oft stellen Kinder sich auch vor, dass der Tote noch Hunger hat oder frieren könnte.

Vorschulkinder glauben noch, dass ihre Wünsche wahr werden, wenn sie nur fest genug wünschen. Deshalb entwickeln sie gerade in dieser Altersstufe leicht Schuldgefühle beim Tod einer Bezugsperson. Es könnte ja sein, dass sie böse auf sie waren und sie weggewünscht haben. Gerade dann brauchen Kinder die ausdrückliche Versicherung, dass sie nicht durch Dinge, die sie sich im Zorn gewünscht haben, schuld am Tod sind.

Vorschulkinder wissen, dass Menschen sterben können. In erster Linie sterben in ihrer Vorstellung aber nur alte Menschen oder Menschen, die sehr böse waren. Tod wird also auch als Strafe begriffen. Kinder dieser Altersstufe können sich jedoch nicht vorstellen, dass sie selber einmal sterben müssen:

„Große Leute sterben,

Onkel, Großpapa.

Aber ich, ich bleibe

Immer, immer da. "[1]

<u>Grundschulkinder von 6 – 10 Jahren</u>

Im Grundschulalter wird der Tod oft personifiziert gesehen. Kinder stellen ihn sich als Sensenmann oder Knochengerippe vor.

Sie fangen an, den Tod zu begreifen. Sie verstehen, dass der Tod nicht nur eine Modifikation des Lebens ist, sondern etwas ganz anderes. Daher versuchen sie alles darüber herauszufinden, stellen Fragen und interessieren sich für Friedhöfe und Beerdigungen. Der Tod ist für sie immer noch ein Rätsel. Was passiert mit einem Toten? Kann ein Toter noch fühlen?

Kinder dieser Altersstufe wissen, dass auch sie irgendwann sterben müssen. Durch dieses Wissen um die eigene Sterblichkeit können Ängste entstehen, die sich vorwiegend darum drehen, die Eltern zu verlieren.

---

[1] Hesse, Hermann; Die Gedichte. Frankfurt/M.; Suhrkamp, 2002

Schulkinder von 10 – 13 Jahren

Kinder verstehen in dieser Altersstufe die Bedeutung und die Funktion des Todes. Sie begreifen, dass der Tod etwas Endgültiges ist. Vordergründig versuchen sie Nüchternheit und Sachlichkeit dem Tod gegenüber vorzutäuschen. Sie sind an den biologischen Vorgängen des Sterbens interessiert, möchten wissen, wie der Körper des Toten sich verändert und denken darüber nach, was mit der Seele nach dem Tod passiert.

Der Tod ist immer noch unheimlich, aber dennoch faszinierend. Kinder werden gerade in diesem Altersabschnitt von Gruselgeschichten gefesselt, Mutproben bestehen daraus, um Mitternacht über den Friedhof zu schleichen.

Jugendliche von 13 bis 18 Jahren

Jugendliche können zwischen Leben und Tod unterscheiden, zwischen eigenem Ich und der Umwelt differenzieren. Jugendliche können die Endgültigkeit und die weitreichende, unausweichliche, emotionale Bedeutung des Todes erkennen. Alle wesentlichen Denkmuster, die auch die Erwachsenen haben, sind ihnen in der Regel zugänglich.

Gerade in der Pubertät entwickeln Jugendliche ihre eigene Identität. Dazu gehört auch die Frage nach dem Sinn des Lebens. Doch mit den Eltern werden solche Dinge nicht diskutiert.

Die Jugendlichen befinden sich mitten im Ablösungsprozess vom Elternhaus, sie müssen ihren Weg alleine finden und dazu gehört auch die Auseinandersetzung mit den Eltern.

Stirbt ein Elternteil oder Geschwisterkind in dieser Zeit, wird der notwendige Ablösungsprozess oft abgebrochen. Der zurückgebliebene Elternteil braucht plötzlich Hilfe, der Jugendliche nimmt sich zurück und „vertagt" seine Loslösung.

In der Auseinandersetzung mit dem Tod spielt bei Jugendlichen auch der Suizid eine große Rolle. Aufgrund der Wechselwirkung zwischen den Anforderungen der Erwachsenenwelt und den heftigen Gefühlsschwankungen der Jugendlichen ist er in diesem Alter eine sehr häufige Todesursache. Sie fühlen sich einsam, sind verzweifelt und können den Sinn und den Wert des Lebens nicht sehen. Oft spielen auch Bestrafungsphantasien den Eltern gegenüber eine Rolle oder der häufig auftretende, von morbider Faszination geprägte, Nachfolgewunsch und Totenkult bekannter (Jugend-) Idole wie beispielsweise im Falle Jim Morrisons oder Curt Cobains.

4. Tod des Haustieres

Die erste Begegnung mit dem Tod, haben Kinder meist, wenn ihr Haustier stirbt. Haustiere sind für Kinder die Lebewesen, für die sie das erste Mal eigene Verantwortung tragen können und dürfen. Gerade dadurch binden Kinder sich stark an diese Tiere. Sie werden zu Freunden und Gefährten, die zu ihrem Leben dazu gehören.

Stirbt nun ein Haustier, machen Kinder größtenteils zum ersten Mal die Erfahrung, dass der Tod ein Verlust, ein Abschied für immer ist. Das Kind reagiert mit Trauer, Schmerz und Entsetzen. Es hat einen Freund verloren. Viele Eltern versuchen, die Trauer durch den sofortigen Kauf eines neuen Tieres zu bremsen. Doch Freunde sind nicht zu ersetzen und die Trauer darf dem Kind nicht erspart werden. Es muss die neue Situation verarbeiten und überwinden. Durch ein neues Tier setzt sich das Kind nicht mit seiner Trauer auseinander und überspielt womöglich seine Empfindungen.

Viele Kinder reagieren auch mit Schuldgefühlen, weil sie das Gefühl haben, nicht gut genug auf ihr Haustier aufgepasst zu haben.

Ein typisches Beispiel dafür ist der Fall des siebenjährigen Peters:

„Peter […] hat eine eigene Katze, Mia. Peter sorgt für seine Katze, spielt viel mit ihr und vertraut ihr manches Geheimnis an. Doch Mia ist unternehmungslustig. Sie streift durch den Garten und die angrenzenden Grundstücke, sie läuft über die Straßen und liegt unter parkenden Autos. Für Peter ist es jedoch ganz selbstverständlich, dass seine Katze jeden Tag zu ihm zurückkommt, sich füttern und streicheln lässt, ihm schnurrend um die Füße streicht. Eines Tages kommt Mia nicht. Sie kommt auch am zweiten Tag nicht. Und als Peter schon recht wütend auf seine Katze ist, die ihn so im Stich lässt, bringt die Nachbarin in einem Karton seine Katze. Tot. Mia wurde überfahren. Peter kann es nicht fassen. Er sieht, dass Mia tot ist. Sie rührt sich nicht. Ist kalt und steif. Aber das kann nicht sein! Mia kann nicht tot sein. […] Peter will seine Mia wiederhaben. Er schließt sich in sein Zimmer ein. »Ich habe nicht gut aufgepasst auf Mia…, ich hab zu wenig gespielt mit Mia… Was hab ich denn falsch gemacht?« Peter entwickelt Schuldgefühle. […] Peter verhält sich so, als wäre nichts geschehen. Erst als seine Mutter beschließt, Mia im Garten ein kleines Grab auszuheben und Peter einlädt, Blumen zu pflanzen, brechen die zurückgehaltenen Tränen aus dem Kind: »Mia, meine Mia…! Warum bist du weg?«[2]

---

[2] Specht-Tomann, Monika; Tropper, Doris; Wir nehmen jetzt Abschied – Kinder und Jugendliche begegnen Sterben und Tod, Patmos Verlag, Düsseldorf, 2000, S.77/78

Um dem Kind die Trauerarbeit zu erleichtern, sollten die Eltern mit dem Kind gemeinsam das Tier begraben, gemeinsam Abschied nehmen. Sie sollten dem Kind die Möglichkeit geben, es dem Tier schön zu machen, es in einer besonders schönen Schachtel begraben, es zudecken, vielleicht gemeinsam ein Kreuz oder einen anderen Grabschmuck basteln. Auch können sie mit dem Kind über das tote Tier sprechen, Erinnerungen wieder aufleben lassen, erzählen, was es alles angestellt hat und wie es zu ihnen gekommen ist. Vor allem sollten Eltern mitwirken, vorhandene Schuldgefühle zu verarbeiten. All das wird dem Kind helfen, Abschied zu nehmen, was mitunter sehr lange dauern kann. Die niederländische Tierpsychologin Nienke Endenburg räumt den Kindern in ihrem Buch „Wenn ein Haustier stirbt" sogar eine Trauerzeit von bis zu acht Monaten ein, um Leid und Schmerz zu überwinden.

5. Tod eines Verwandten

Vermutlich wird der Tod eines Verwandten höheren Alters die erste Begegnung des Kindes mit dem Tod eines Menschen sein.

Bei kleinen Kindern sind dies meist keine primären Bezugspersonen. Trotzdem ist das Kind einer Todeserfahrung ausgesetzt. Es nimmt die Bedrücktheit und Traurigkeit seiner Umwelt wahr, merkt, dass etwas anders ist und möchte wissen, was. Gerade in dieser Situation ist es möglich, dem Kind Erfahrungen mit dem Tod, dem Sterben und der Trauer nahe zu bringen. Aus diesen Erfahrungen setzen sich das Wissen um und der Umgang mit Tod, Sterben und Trauer zusammen, die dem Kind später die Kraft geben können, mit dem Tod primärer Bezugspersonen besser umzugehen. Durch die Tatsache, dass in dieser Situation das Kind nicht durch einen unersetzlichen Verlust stark belastet ist, kann es den Umgang mit Trauer zunächst ohne tiefen Schmerz „erlernen", ihn bei anderen Personen beobachten und nachvollziehen. Unter Umständen führt dies zu einer inneren Klarheit, die dem Kind im Falle eines späteren Katastrophenfalles, dem Tod einer primären Bezugsperson dazu verhilft, zu sehen, dass das Leben irgendwann weitergeht, trotz allem Schmerz lebenswert bleibt, sich Hilfen zur Verarbeitung finden lassen und Erinnerungen auch Trost geben können.

Jedoch können auch Verwandte höheren Alters primäre Bezugspersonen für Kinder darstellen, besonders im Falle des Todes der Grosseltern. Kinder, die viel Zeit mit ihren Grosseltern verbringen, schließen sich ihnen häufig eng an. Fehlt dies plötzlich, erleiden Kinder meist zum ersten Mal einen großen Verlust. Viele Kinder wollen den Tod der geliebten Person zunächst nicht wahrhaben und weigern sich, die Realität zu akzeptieren.

Dies kann soweit gehen, dass sie ein Phantasieleben beginnen, in dem diese Person noch existiert. Kinder verleugnen den schweren Verlust, weil sie den Schmerz alleine nicht ertragen können. Sie entwickeln Schuldgefühle und machen sich Vorwürfe, weil sie das Gefühl haben, die gestorbene Person nicht genug geliebt zu haben oder ihr ihre Liebe nicht ausreichend gezeigt zu haben. Kinder können den Tod erst annehmen, wenn sie merken, dass sie mit ihrem Schmerz nicht alleine sind. Durch einen offenen Umgang mit der Trauer um die gestorbene Person, das Sprechen über sie, das Erinnern an sie und Besuche am Grab kann dem Kind geholfen werden, nach und nach den eigenen Schmerz zuzulassen und ihn zu verarbeiten.

6. Tod eines Freundes

Oft ist das Trauerverhalten eines Kindes nach dem Tod eines Freundes sehr viel intensiver und dramatischer als nach dem Tod eines Verwandten. Dies ist meist der Fall, weil der Tod von Verwandten, zum Beispiel des Großvaters, in den Augen eines Kindes natürlicher ist, weil dieser sein Leben gelebt hat.

Ein Freund jedoch ist in seinem Alter, ein Spielgefährte, ein Kind wie es selbst, der unfassbarerweise nun nicht mehr da ist, um das restliche Leben mit ihm zu leben, mit ihm aufzuwachsen, mit ihm Abenteuer zu erleben, Geheimnisse zu teilen und letztendlich, um miteinander erwachsen zu werden. Ein Freund ist für ein Kind immer jemand, der ihm sehr nahe steht, jemand, der zu seiner eigenen Welt gehört, fern von der Welt der Erwachsenen, und deshalb etwas mit ihm teilt, was den Erwachsenen vorbehalten ist und was sie nicht verstehen. Stirbt dieser Freund, stirbt auch ein Teil der Welt des Kindes. Kinder trauern deshalb nicht nur um den verlorenen Freund, sondern auch um ihre eigenen Lebenspläne, die durch den Tod zunächst völlig außer Kraft gesetzt sind. So erzählt zum Beispiel die kleine Sara in dem Bilderbuch „Abschied von Rune", dass Rune nicht sterben könne, weil sie doch heiraten wollten.[3]

Der Tod eines Freundes ist ein Einschnitt in die Zukunft des Kindes.

Kinder müssen sich gerade in diesem Fall mit ihrer Trauer stark auseinandersetzen. Durch den Tod eines Freundes kommen neben der Trauer auch oft Gefühle wie Wut, Hass und Schuld auf, denen Eltern begegnen müssen. Bei kleinen Kindern ist es wichtig, die Endgültigkeit des Todes zu betonen und klarzumachen, dass der Freund nie wiederkommen wird. Saras Mutter versucht ihr mit einfachen Worten zu erklären, was es heißt, dass Rune tot ist: „Er kann nichts

---

[3] Kaldhol, Marit; Abschied von Rune, Ellermann Verlag; Hamburg, 1999

mehr sehen und nichts mehr hören. Er kann nicht mehr gehen oder laufen oder spielen. Er wird Sara nie mehr anlächeln und sie nie mehr umarmen. Rune ist tot."[4] Gleichermaßen sollte man jedoch versuchen, ihnen Trost zu geben: " 'Sehe ich ihn nie, nie mehr wieder?' fragt Sara.

'Nein, nie wieder', antwortet Mama. 'Aber irgendwie ist er trotzdem nicht ganz fort, denn wenn wir an ihn denken, können wir ihn ja in uns drin sehen. Und dann können wir auch mit ihm sprechen. Mach mal die Augen zu und versuche es.'

Ja, Sara kann Rune drinnen in ihrem Kopf sehen. Sie sieht, dass er lächelt, und er ist genauso wie früher.

'Ein Glück, dass ich das weiß!' sagt Sara zu ihrer Mama."[5]

Aber auch ältere Kinder und Jugendliche brauchen eine starke Unterstützung von Seiten der Eltern, wenn ein naher Freund stirbt. Gerade in der Phase der Pubertät haben Freunde einen großen Einfluss und eine beträchtliche Bedeutung. Sie sind es, die neben der Familie den größten Stellenwert im Leben eines Jugendlichen einnehmen und den Ablöseprozess vom Elternhaus maßgeblich mitbestimmen. Sie nehmen die Position primärer Bezugspersonen ein und sind diejenigen, die am Leben des Jugendlichen in dieser Phase am meisten Anteil nehmen. Stirbt ein Freund, führt dies zu einem unfassbaren Verlusterlebnis, das nur durch eine intensive Trauerarbeit bewältigt werden kann.

„Christian ist sechzehn Jahre alt, als sein Freund bei einem Segelunfall tödlich verunglückt. Er kann es nicht begreifen. Sie hatten doch gemeinsame Ferien geplant, sie wollten doch Zelten, sie wollten… - aber da hämmert es in seinem Kopf und dröhnt:»Er ist tot.« Wie in Trance nimmt er an der Beerdigung teil. Er gibt seinem Freund eine Sonnenblume mit ins Grab. Er ist wie gelähmt. Der Sommer nimmt seinen Lauf. Keine Ferien mit dem Freund. Keine langen Abende bei Gesprächen, Kartenspiel und Lachen. Keine gemeinsame Schulzeit mehr. Wut steigt in Christian auf. Warum gerade Julian? Warum jetzt mit sechzehn! Hätte er, Christian, etwas verhindern können? Tiefe Traurigkeit erfüllt ihn. Tagelang sitzt er in seinem Zimmer, hört die Musik, die auch seinem Freund gefallen hat, immer wieder dasselbe Lied. Der Sommer geht vorbei. Ein Bild von Julian hängt über dem Schreibtisch von Christian. Und ein Gedicht. Er hat es selbst geschrieben, damals, als er einige Monate an einer Schule in Frankreich als Austauschschüler lebte. Mit einem Mal wird Christian lebendig. Da waren doch noch die Briefe von Julian! Unzählige Briefe hatte Julian seinem Freund aus dem Ausland geschrieben, wenige Monate vor seinem Tod. Es waren Briefe eines Jugendlichen über Gott und die Welt, über alltägliche Banalitäten und hoch philosophische Fragen, es

---

[4] Kaldhol, Marit; Abschied von Rune, Ellermann Verlag; Hamburg, 1999
[5] Kaldhol, Marit; Abschied von Rune, Ellermann Verlag; Hamburg, 1999

waren Briefe der Freundschaft und Gemeinsamkeit. Christian vertieft sich in diese Briefe, letzte Botschaften seines Freundes. Im Laufe der nächsten Monate werden diese Briefe für Christian Dreh- und Angelpunkt seiner Welt. Er liest sie – wieder und wieder. Er schreibt Antworten – wieder und wieder. Er schreibt sie in den Computer, druckt sie aus, hat sie in verschiedenen Varianten vor sich. Die Briefe werden ihm zu Begleitern in der Trauer und geben Christian die Chance einer sehr individuellen Trauergestaltung."[6]

7. Tod von Geschwistern

Durch den Tod eines Geschwisterkindes werden Kinder leicht zu „doppelten Verlierern"[7]: Neben Schwester oder Bruder verlieren sie auch noch die Eltern, wie sie sie vorher kannten. Ihre Eltern werden zu Anderen, zu Menschen, die sich durch den Tod ihres Kindes völlig verändert haben, und die sie nicht mehr kennen. Das System Familie zerbricht völlig: „[...] Birgitt Lösch [...] hat das, was in einer Familie nach dem Tod eines Kindes geschieht [...] einmal demonstriert: Sie hielt ein Mobile in der Hand, an dem fröhlich fünf Püppchen aus feiner Wolle tanzten. Es sollte das Abbild einer Familie darstellen: Vater, Mutter, drei Kinder. Birgitt Lösch zeigte, dass das Familiensystem auch einmal ins Schwanken kommen kann – mal hängt der eine »etwas schräg«, mal der andere »etwas tiefer«. In jeder Familie gibt es auch Turbulenzen, bei denen alle Familienmitglieder heftig »ins Schleudern« kommen können, sich verheddern und verknoten. Aber immer war es möglich, die Figuren wieder in die Balance zu bringen – es dauerte nur unterschiedlich lange und manchmal war es sehr schwierig, erforderte viel Fingerspitzengefühl, um die Verstrickungen wieder zu lösen. Aber irgendwie ging es immer, die Fäden hielten Stand ... Nach einer Weile[...] kamen die Figuren zur Ruhe – Vater, Mutter, drei Kinder. Durch die Fäden des Mobiles waren alle miteinander verbunden, standen in Beziehung zueinander, waren aufeinander bezogen, auch aufeinander angewiesen, aber doch mit genügend Freiraum für jeden Einzelnen. Plötzlich zog Birgitt eine Schere [...] hervor und – zerschnitt einen Faden! Innerhalb von Bruchteilen von Sekunden klappte das ganze Gebilde zusammen. [...] Wenn ein Faden am Mobile, ein Lebensfaden abgeschnitten wird, der verbunden war mit allen anderen und alle auf seine Weise zusammenhielt, bricht das ganze System zusammen. [...]"[8]

---

[6] Specht-Tomann, Monika; Tropper, Doris; Wir nehmen jetzt Abschied – Kinder und Jugendliche begegnen Sterben und Tod; Patmos Verlag; Düsseldorf, 2000, S. 80/81
[7] Wiese, Anja, Um Kinder Trauern – Eltern und Geschwister begegnen dem Tod, Gütersloher Verlagshaus, Gütersloh, 2001, S.40
[8] Wiese, Anja, Um Kinder Trauern – Eltern und Geschwister begegnen dem Tod, Gütersloher Verlagshaus, Gütersloh, 2001, S.40/41

Die Trauer um das verstorbene Kind lässt die lebenden Kinder vereinsamt zurück, die Eltern können sich zunächst nicht intensiv genug um sie kümmern, sind mit ihrem eigenen Schmerz beschäftigt und müssen selbst ihre Verzweiflung überwinden. Viele Kinder erfahren schmerzhaft, „dass das einzige lebende Kind in der Familie das tote Kind ist."[9] Kinder fühlen sich beim Tod eines Geschwisters vor allem einsam. Nicht nur, dass sie einen geliebten Menschen verloren haben, der mit ihnen aufgewachsen ist, gleichzeitig verlieren sie den Zugang zu den Eltern, niemand interessiert sich für sie, sie haben das Gefühl, überflüssig, oder noch schlimmer, nichts mehr wert zu sein.

Noch dazu haben sie Angst, dass ihr Leben niemals wieder so wird, wie es einmal war. Sie sehen, wie ihre Eltern, ihre Familie leidet, sind selbst unendlich traurig. Jedoch haben Kinder ein inneres Bedürfnis nach Fröhlichkeit, Spielen mit Gleichaltrigen, Lachen, Toben. Sie bestimmen selbst, wann sie traurig sein wollen und trauern anders als Erwachsene. „Das alles ist nur Trauer, obwohl es wie Freude und Vergessen und Verrat [...] aussah."[10] Oft verstehen Eltern diese Wünsche nicht und sehen es als rücksichtslosen Verrat am toten Geschwisterkind an.

Stirbt ein Geschwisterkind nach langer Krankheit, sind die Gefühle des überlebenden Kindes häufig zwiespältig. Es ist möglich, dass das todkranke Geschwisterkind während seiner Krankheit die gesamte Zuwendung der Eltern erhielt, es keinen Platz mehr für das gesunde Kind gab. In einigen Familien wird das kranke Kind sehr verwöhnt, erhält Geschenke und bekommt jeden Wunsch erfüllt. Das gesunde Kind wird zu Rücksichtnahme und Entbehrungen gezwungen. Durch den Tod des Geschwisterkindes hört dieser Zustand auf. Deshalb kommt es vor, dass das überlebende Kind mit Erleichterung reagiert. Gleichzeitig schämt es sich seiner Gefühle und gerät in einen schwierigen inneren Konflikt.

Geschwister wachsen miteinander auf. Sie teilen ihre Kindheit, entwickeln sich gemeinsam weiter. Sie erleben viel miteinander, werden miteinander erwachsen. Geschwister vertrauen sich gegenseitig viel an, sie wissen meist mehr voneinander als die Eltern, teilen Geheimnisse und sind sich nah. So viele Dinge fehlen nach dem Tod eines Geschwisterkindes plötzlich.

„[...]

Vor einer Sekunde noch

War sie hier,

lachte, redete,

---

[9] Wiese, Anja, Um Kinder Trauern – Eltern und Geschwister begegnen dem Tod, Gütersloher Verlagshaus, Gütersloh, 2001, S. 42

[10] Pohl, Peter, Gieth, Kinna, Du fehlst mir, du fehlst mir!; Carl Hanser Verlag, München, Wien, 1994, S. 189

voller Glück und Leben.

Dann machte sie einen Schritt,

nur einen einzigen,

und das Leben wird nie mehr,

wie es vorher war.

Mein ganzes Leben

ist sie bei mir gewesen,

nie

waren wir getrennt.

Jetzt

Und für den Rest meines Lebens

Muss ich allein zurechtkommen,

ohne sie.

[...]"[11]

Oft kann daraus resultieren, dass Geschwister sich in eine Phantasiewelt zurückziehen, in der alles so ist wie früher. „Ich hab auch Angst davor, in der Einbildung steckenzubleiben, dass Cilla gar nicht tot ist. Ich bilde es mir so intensiv ein, dass ich zum Schluss nicht mehr weiß, ob es nicht stimmt. Manchmal muss ich es mir einfach einbilden, sonst tut es so schrecklich weh. Aber ich glaube, dass ist gefährlich, plötzlich kommt man vielleicht nicht mehr aus seinen Phantasiegebilden heraus. Diese Gefahr besteht, das weiß ich. Vor ein paar Tagen erst hatte ich in der Schule ungewöhnlich viele Bücher zu schleppen.»Die schaffst du doch gar nicht allein«, sagte Lotta [...]»Ich bitte Cilla, mir zu helfen«, sagte ich."[12] Kommt dies stellenweise im Prozess der Trauerarbeit vor, ist es eine normale Reaktion auf den Tod eines geliebten Menschen. Über einen gewissen Zeitraum benötigen Kinder diese Art Trost, weil sie den Schmerz nicht ertragen können. Bedürfen sie ihn nicht mehr, werden sie sich selbst auch nichts mehr vormachen.

Doch neben tiefer Liebe und Nähe ist eine Geschwisterbeziehung immer auch von Rivalität und Konkurrenzkampf bestimmt. Geschwisterkinder müssen sich zwangsläufig voneinander abgrenzen und ihre eigenen Identitäten entwickeln. Stirbt ein Geschwisterkind, ist Rivalität

---

[11] Pohl, Peter, Gieth, Kinna, Du fehlst mir, du fehlst mir!; Carl Hanser Verlag, München, Wien, 1994, S.101/102
[12] Pohl, Peter, Gieth, Kinna, Du fehlst mir, du fehlst mir!; Carl Hanser Verlag, München, Wien, 1994, S.215

plötzlich nicht mehr angebracht, schlimmer noch, es erfolgt häufig eine Idealisierung des toten Kindes, welche eine Abgrenzung schwer fallen lässt. Stellen Eltern das tote Kind auch noch als Vorbild da, haben lebende Kinder kaum noch Chancen, zu bestehen. Gegen Tote kann man nicht kämpfen.

Neben dem eigenen Schmerz ist der Schmerz der Eltern für Kinder unheimlich belastend. Um die Eltern zu trösten, kann es vorkommen, dass das überlebende Kind sich mit dem toten Geschwisterkind identifiziert und sich so als Ersatz anbietet. „Nicht nur am Anfang, sondern fast das ganze vergangene Jahr hab ich mich dazu gezwungen, Cillas Rolle zu spielen, um Mama eine Freude zu machen, ich war Cilla für sie, hab so getan, als wäre ich ihrer verstorbenen Tochter ähnlicher als derjenigen, die sie noch hat."[13]

Sind die Kinder schon älter, vielleicht schon im Ablöseprozess und von zu Hause ausgezogen, erfahren sie durch den Tod eines Geschwisterkindes eine neue Bindung ans Elternhaus. Sie haben das Gefühl, die Eltern in dieser Situation nicht alleine lassen zu können, unterbrechen ihre Loslösung und unterstützen ihre Eltern. Oft kommt es vor, dass dadurch wichtige Entwicklungsschritte im Ablöseprozess unterbrochen werden. Außerdem übernehmen Kinder in dieser Lage meist mehr Verantwortung, als sie tragen können, und passen sich viel mehr an als angemessen wäre, um den Eltern noch mehr Leid zu ersparen.

8. Tod eines Elternteils oder der Eltern

Wenn Mama oder Papa sterben, bricht für Kinder die Welt zusammen. Eine der primären Bezugspersonen ist plötzlich nicht mehr da, ihre Kindheit endet durch diesen Verlust abrupt. Ein geliebter Mensch, der für das Erwachsenwerden, für die Entwicklung der Kinder eine große Rolle gespielt hat, fehlt in der Familie. Ähnlich wie beim Tod eines Geschwisterkindes zerbricht die Familienstruktur.

Viele Kinder, die ein Elternteil verloren haben, leiden lange unter dem Gefühl, dem verstorbenen Elternteil ihre Liebe zu Lebzeiten nicht oft genug gezeigt zu haben, denken, sie hätten noch soviel mehr zu sagen gehabt. „[...] Liebe Mama... Es gibt so viel zu sagen. Jetzt ist es, als würde ich blind oder taub. [...]"[14]

Ebenso bereuen sie, mit dem toten Elternteil gestritten zu haben, sie fühlen Trauer darüber, dass sie die Zeit nicht glücklich miteinander verbringen konnten, entwickeln deshalb häufig Schuldgefühle. „Wenn ich gewusst hätte, dass mein Vater nicht mehr lange zu leben hat, dann

---

[13] Pohl, Peter, Gieth, Kinna, Du fehlst mir, du fehlst mir!; Carl Hanser Verlag, München, Wien, 1994, S.248
[14] Bohlmeijer, Arno; Ich muss dir etwas Trauriges erzählen, Anrich Verlag GmbH, Weinheim, 1996, S.25

hätte ich nicht dauernd mit ihm diese Konflikte gehabt. Ja, wir haben miteinander gestritten, er wollte mich nicht verstehen und heute tut mir das so unendlich weh, dass wir damals keine gemeinsame Basis gefunden haben."[15]

Ohnmacht, Wut und Schuldgefühle wechseln sich ab. „Warum hat der Papa mich verlassen? Er hatte mich nicht mehr lieb, darum hat er mir das angetan!"[16]

Oft suchen Kinder auch nach einem Schuldigen, machen anderen schwere Vorwürfe, kämpfen so mit ihrem eigenen schlechten Gewissen, ihren extremen Gefühlen. „[…] Papa tut, als ginge alles normal weiter, aber das ist nicht möglich – durch seine Schuld. […] Plötzlich bin ich wieder schrecklich böse. Hans und Erica sind gerade gekommen, trotzdem schreie ich Papa laut an: „Warum hast du dich eigentlich umgedreht?" Ich erschrecke selbst und Papa sieht noch viel erschrockener aus, als hätte ihn jemand geschlagen."[17]

Zusätzlich entwickeln Kinder durch den Tod eines Elternteils eine sie ständig begleitende Angst, auch noch das andere Elternteil zu verlieren. Es kommt oft dazu, dass Kinder anfangen, sich an das lebende Elternteil zu klammern, es nicht mehr aus den Augen lassen können und extreme Trennungsängste entwickeln. Sie leben in fortwährender Angst vor dem Tod. „»Mama wollte so gern mal unsere Kinder sehen. […]« »Das kann ich auch bald«, sagt Papa. »Aber wir haben Angst, dass du auch stirbst.«"[18]

Um dem überlebenden Elternteil Trost und Stütze zu sein, kommt es vor, dass Kinder sich mit der Rolle des Verstorbenen identifizieren. Viele Kinder übernehmen auch frühere Verhaltensweisen, um ein Stück des verstorbenen Menschen zu retten. So werden sie zu Mutter- oder Vaterersatz. „Irene ist erst 13 Jahre alt, als ihre Mutter stirbt. Es ist eine schwere Zeit für alle. […] Wie sehr Irene ihre Mutter immer bewundert hat! Wie ordnete sie die Blumen in der Vase? Wie schnitt sie die Karotten? Wie hat sie die Bettdecke der Kleinen immer zurecht gelegt und glatt gestrichen? Irenes Hände schlüpfen in die Hände der Mutter. Der Vater ruft: »Ganz wie Martha!« Die Geschwister rufen: »Ganz wie Mami!«"[19]

Ist der Verlust eines Elternteils schon unfassbar schmerzhaft für ein Kind, kommt es beim Verlust beider Eltern zu einer mit nichts zu vergleichenden Todeserfahrung. Das Kind braucht in dieser schrecklichen Situation die größte Hilfe, die möglich ist, denn nichts kann den Verlust rückgängig machen, nichts kann ihn ausgleichen. Kinder, die beide Elternteile verloren haben, sind immer benachteiligt. Diese Erfahrung lässt ihre Kindheit meist

---

[15] Specht-Tomann, Monika; Tropper, Doris; Wir nehmen jetzt Abschied – Kinder und Jugendliche begegnen Sterben und Tod; Patmos Verlag; Düsseldorf, 2000, S.118
[16] Ennulat, Gertrud, Kinder in ihrer Trauer begleiten, Herder Verlag, Freiburg, 1998, S.77
[17] Bohlmeijer, Arno; Ich muss dir etwas Trauriges erzählen, Anrich Verlag GmbH, Weinheim, 1996, S. 119/122
[18] Bohlmeijer, Arno; Ich muss dir etwas Trauriges erzählen, Anrich Verlag GmbH, Weinheim, 1996, S.134
[19] Specht-Tomann, Monika; Tropper, Doris; Wir nehmen jetzt Abschied – Kinder und Jugendliche begegnen Sterben und Tod; Patmos Verlag; Düsseldorf, 2000, S.92

schlagartig enden, und sie eine Sichtweise auf das Dasein werfen, die andere Kinder nicht verstehen. Ihr Leben ist meist durch starke Trennungsängste bestimmt. Sie können keine unbeschwerte Kindheit mehr erleben.

Kinder reagieren sehr verschieden auf den Tod beider Elternteile. Viele Kinder erschaffen sich zunächst eine Scheinwelt, um überhaupt weiterleben zu können. Sie reden sich beispielsweise ein, die Eltern seien nur verreist und kämen bald wieder. Dies geschieht, weil sie den Schmerz anfangs einfach noch nicht ertragen können, und deshalb die Realität verleugnen. Nach außen hin, scheint das Kind den Tod der Eltern einigermaßen kompensiert zu haben, denn Kinder teilen diese Phantasien ihrer Umgebung meist nicht mit. Solange das Kind aber noch Verleugnungsphantasien hat, hat es den Verlust der Eltern noch lange nicht akzeptiert. Erst mit der Zeit lernen Kinder, ihre Trauer zu bewältigen. Wenn sie den Trost der Phantasiewelt nicht mehr brauchen, lösen sie sich von ihm.

Eine andere, von Kindern oft ausgelebte Bewältigungsstrategie, ist die Identifizierung. Kinder imitieren die Verhaltensweisen der verstorbenen Eltern, sie übernehmen ihre Bräuche, Riten und Normen, ohne sich notwendigerweise selbst mit ihnen auseinanderzusetzen. Viele Kinder unterlassen so für sie wichtige Schritte der Ablösung.

Eine andere Form der Identifizierung geschieht, wenn die Eltern an einer Krankheit gestorben sind. Das überlebende Kind übernimmt die ihm bekannten Krankheitssymptome, vielleicht um die Sorge um die Eltern wieder lebendig zu machen und die Situation, in der die Eltern noch nicht tot waren, wieder zu erleben.

Durch Identifizierung versuchen Kinder, den Verlust zu mildern. Sie behalten dadurch Teile der Toten bei sich und verlieren sie nicht ganz.

Oft reagieren Kinder auf den Tod ihrer Eltern auch mit einer extremen Idealisierung der geliebten Menschen. Sie machen sie zu Heiligen, erinnern sich nur an die guten Eigenschaften und bewerten sich selbst als schlecht.

9. Tod der ganzen Familie

Eines der schrecklichsten und fatalsten Dinge, die ein Kind treffen können, ist der Verlust der gesamten Familie. Es kommt immer wieder vor, dass aus Unfällen oder Verbrechen nur ein einziges Familienmitglied gerettet wird. Man betrachte den Fall einer Braunschweiger Familie, bei dem alle Familienmitglieder grausam ermordet wurden, und nur die älteste Tochter, die bei einem Freund übernachtete, überlebte. Man denke an schwere Flugzeugabstürze, Schiffskatastrophen oder Akte des Terrorismus, die ein einziges Kind

verschonen und allein zurücklassen. Wenn diese Kinder auch die Katastrophe überlebt haben, so machen sie doch die schrecklichste Erfahrung, die ein Kind machen kann: Alle geliebten Menschen auf einmal zu verlieren und plötzlich völlig allein zu sein. Zu dieser Erfahrung, zu diesem Schmerz kommt häufig die Verzweiflung über die vermeintliche Schuld. Die Kinder fragen sich, warum gerade sie überlebt haben und nicht ein anderes Familienmitglied. Viele Kinder begleitet lebenslang ein belastendes Schuldgefühl, die sogenannte Überlebensschuld.

10. Trauerprozess und Bewältigungshilfen

10.1 Der Weg des Trauerprozesses

Ein Trauerprozess dauert lange und ist sehr schmerzhaft. Jeder Trauernde hat andere Verlusterfahrungen, jeder Trauernde erlebt seine Trauer unterschiedlich und einmalig. Dennoch gibt es bestimmte Gefühlsabschnitte innerhalb eines Trauerprozesses, die bei fast jedem Trauernden auftreten. Doch auch diese Abschnitte werden von allen Trauernden verschieden erlebt. Einige brauchen länger als andere, andere Überspringen einzelne Stufen, wieder andere bleiben an einer Stelle stehen. Trauer kann auch nach diesem Prozess immer wieder neu ausbrechen – sie ist nie wirklich abgeschlossen und vorbei.
Diesen Weg durch die Trauer gehen auch Kinder. Gerade für sie ist es wichtig, eine Bestätigung zu bekommen, dass ihre Gefühle normal sind, damit sie nicht zusätzlich noch unter dem Druck stehen, ihre Gefühle als unnormal zu betrachten.

<u>Leugnen, Nicht-wahr-haben-wollen</u>
Der Schock über den Verlust ist so stark, dass der Tod zunächst verleugnet wird. Bei Kindern geht das bis zum Abstreiten des Todes. Eine Art Gefühllosigkeit lassen trauernde Kinder eine gewisse Distanz zum Schmerz aufbauen, um sie zu schützen. Deshalb kommt es oft vor, dass Kinder bei Beerdigungen oder kurz nach dem Tod einer Bezugsperson nicht weinen können. „»Du bist so normal, Tina«, sagt Maja […] plötzlich. »Man merkt dir gar nicht an, dass Cilla gestorben ist.« Tina stutzt, hält mitten in der Rede inne und sieht Maja an. »Ist Cilla tot?« Alle haben es begriffen, alle bis auf Tina."[20]

---

[20] Pohl, Peter, Gieth, Kinna, Du fehlst mir, du fehlst mir!; Carl Hanser Verlag, München, Wien, 1994, S.80/81

Gefühlsausbrüche, Stimmungsschwankungen

Häufig werden gerade nach dem Tod eines geliebten Menschen alle möglichen Gefühle ausgelebt. Schmerz, Traurigkeit, Ohnmacht, Wut, Schuld, aber auch Liebe und Sehnsucht wechseln sich ab oder werden gleichzeitig empfunden. Wut und Aggression auf den verstorbenen Menschen sind ein Zeichen dafür, dass der Tod noch nicht akzeptiert wurde. Denn solang man sich noch über jemanden ärgert, ist er lebendig.

Am schwersten zu ertragen, sind die Schuldgefühle, die gerade Kinder oft bekommen. Kinder denken lange Zeit darüber nach, was sie in der Beziehung zu diesem geliebten, verstorbenen Menschen falsch gemacht haben. Sie machen sich Vorwürfe, ihm ihre Liebe nicht genug gezeigt zu haben oder sich zuviel mit ihm gestritten zu haben. Das schmerzhafte daran ist die Gewissheit, dies nie wieder gut machen zu können.

Abschiednehmen, Erinnern

Trauernde setzten sich in diesem Abschnitt mit dem Verstorbenen auseinander. Sie verspüren eine starke Sehnsucht nach ihm und wollen noch einmal mit ihm in Verbindung treten. Sie träumen von dem geliebten Menschen, haben zeitweise das Gefühl, sein Gesicht in der Menge zu sehen oder seine Stimme zu hören. Diese Dinge sind in solch einer Situation völlig normal und kein Anzeichen dafür, vor Trauer verrückt zu werden. Sie sind einfach nur ein Ausdruck der intensiven Beschäftigung mit dem Toten.

Für Kinder bekommen in dieser Zeit des Erinnerns Gegenstände des Verstorbenen eine große Bedeutung. Für sie sind die Gegenstände eines Menschen Teil dieses Menschen. Haben sie also einen Lieblingsgegenstand des Verstorbenen bei sich, so tragen sie ein Teil von ihm.

Erschöpfung, Depression

In diesem Abschnitt ziehen Trauernde sich von der Außenwelt zurück, sie sind völlig erschöpft und wollen mit ihrer Trauer, ihrem Schmerz alleine sein. Zusätzlich merken sie, wie schwer sie ihrer Umgebung fallen, da diese so offensichtlich ihre Trauer sieht.

Der Tod eines geliebten Menschen hinterlässt eine große Leere und ändert das eigene Leben vollständig. Familienstrukturen müssen neu aufgebaut, Rollenansprüche neu verteilt werden. Die alte Welt ist völlig zerbrochen, die Trauernden müssen sich eine neue aufbauen, ohne den Verstorbenen.

Bei Kindern kommt es oft zu einem Rückfall in bereits abgeschlossene Entwicklungsstufen. Beispielsweise konnten sie bereits laufen, fangen nach dem Tod eines geliebten Menschen jedoch wieder an zu krabbeln. Sie verlieren die zuletzt gelernten Fähigkeiten. Da diese sie

noch Kraft kosten, die sie im Moment aber für die Überwindung ihrer seelischen Probleme brauchen, geben sie sie auf.

<u>Neubeginn</u>

Um einen Neubeginn wagen zu können, müssen Trauernde die Endgültigkeit des Todes anerkennen und einen eigenen neuen Zukunftsplan entwerfen.

Nur wer die Realität annimmt, kann erkennen, was in ihm, in anderen Hinterbliebenen und in der Umgebung von dem Verstorbenen geblieben ist. Man erkennt, dass selbst nach dem Tod noch viele gemeinsame Dinge existieren, Dinge, die trotz allem relevant und eine Bereicherung bleiben.

Der Trauerprozess kann die Einstellung zum Leben ändern. Die Verlusterfahrung lässt dem Trauernden die Endlichkeit seines eigenen Lebens deutlich werden, sie macht das Leben kostbarer. Die Menschen leben intensiver.

10.2 Bewältigungshilfen für Kinder im Trauerprozess

<u>Vorbereitung auf Verluste:</u>

Jedes Kind kann theoretisch vom Tod einer Bezugsperson getroffen werden. Je weniger ein Kind darüber weiß, je weniger es auf Tod und Trauer vorbereitet ist, desto schwerer kann es so ein schreckliches Erlebnis verarbeiten. Durch Ereignisse, wie den Tod eines Haustieres oder den Tod einer entfernten Verwandten, kann dem Kind ein offener Umgang mit Trauer eröffnet werden.

<u>Teilen der Trauer:</u>

Eltern glauben oft, dass Kinder Trauer nicht so stark empfinden und schnell wieder vergessen. Doch Kinder erleben Trauer meist noch stärker. Aber da die Erwachsenen meinen, ihre Trauer vor ihnen verstecken zu müssen, übernehmen sie dieses Verhalten. Kinder werden damit vom Kummer der Eltern ausgeschlossen und müssen alleine mit ihren Gefühlen fertig werden. Sprechen die Eltern jedoch mit dem Kind über ihre Trauer, zeigen sie, dass es auch ihnen sehr schlecht geht, lassen sie es an ihrer Trauer teilnehmen, so lernt das Kind, über seine eigenen Gefühle zu sprechen, es teilt seine Trauer und erleichtert so den Trauerprozess.

20

Rituale:

Für Kinder sind Rituale wichtig und hilfreich. Sie geben die Gewissheit, dass die geliebte Person durch den Tod nicht vergessen wurde. Der gemeinsame Gang zum Friedhof kann beispielsweise zu einem Ritual werden. „Martin trug die Laterne, Agnes hatte die Kerze in der Tasche. […] „Hast du die Kerze?" Martin flüsterte fast. […] Agnes gab Martin die Kerze. […] [V]orsichtig ließ Martin die Kerze an ihren Platz gleiten. „Wer will sie anzünden?", flüsterte Martin. Auf dem ganzen Friedhof flackerten Lichter. Papa trat vor. „Ich zünde sie an", sagte er. […] Und da konnten sie den Stein sehen, die Rose, den Namen und die Jahreszahlen. […] Agnes wollte die beiden fühlen. Sie nahm Papas und Martins Hand und die Schlange gab Ruhe."[21] Pflegen und Schmücken des Grabes kann für Kinder sehr tröstlich sein. Sie fühlen sich einbezogen und haben das Gefühl, etwas für den Toten tun zu können. Auch das Begräbnis kann als Ritual gesehen werden, als rituelles Abschiednehmen. Kinder sollten selbst entscheiden dürfen, ob sie am Begräbnis teilnehmen wollen. Trauernde Kinder erleben auf einem Begräbnis, dass sie nicht alleine um die geliebte Person trauern, dass viele Menschen ihre Trauer teilen. Sie haben ein Recht, sich von dem geliebten Menschen zu verabschieden. Jedoch sollten Kinder auf einem Begräbnis immer begleitet werden, es muss eine Person anwesend sein, die sich um das Kind kümmert, es mit seiner Trauer nicht alleine lässt und Fragen beantwortet. Kinder müssen auf den Verlauf und die Riten einer Beerdigung vorbereitet werden. Sie sollten z.B. wissen, dass die meisten Menschen schwarz tragen werden, dass die Stimmung sehr traurig ist und sie auch selbst davon sehr traurig werden könnten.

Trauer kreativ begegnen:

- Aus Jahrestagen Gedenktage machen: Jahrestage sind für viele Familien, die einen geliebten Menschen verloren haben, das schlimmste. Gerade an diesen Tagen kann es vorkommen, dass die Trauer wieder ausbricht. Mit Kindern können solche Tage zu Gedenktagen umfunktioniert werden. Der Tag soll bewusst erlebt werden, indem gemeinsame Erinnerungen wieder ausgetauscht werden, der Friedhof besucht wird, und ein kleines Fest zum Gedenken gefeiert wird. Dies hilft der Familie, diese Tage besser zu ertragen und nicht einen Tag allein in tiefster Traurigkeit zu verbringen.

- Malen als Ausdruck der Trauer: Kinder sollten aufgefordert werden, ihre Trauer in Bildern auszudrücken. Kinder malen gerne und viel, sie können sich durch dieses

---

[21] Holmberg, Bo, Ein Licht in der Dunkelheit, Ravensburger Buchverlag, Ravensburg, 1999, S.33/36

Medium weitaus besser ausdrücken und sich den Eltern verständlicher machen als durch Worte.

- Gedichte und Geschichten schreiben: Kinder lieben Gedichte und Geschichten. Sie können durch ein eigenes Verfassen ihre Gefühle ausdrücken, vor allem können sie durch eine andere Erzählperspektive von ihrer Trauer erzählen und gleichzeitig eine gewisse Distanz aufbauen. Diese kleinen Kunstwerke sollten von den Eltern gewürdigt und als Erinnerung verstanden werden. „»Hast du mal nach dem Himmel geschaut? Vielleicht, wenn du genau hinschaust, siehst du einen Engel, einen neuen, das ist meine Mama.«»Wie schön.«, sagt Papa.»Darüber freue ich mich sehr. Sagst du es noch mal? Dann schreibe ich es auf.« [...] Auf den Karten steht meine Botschaft mit dem Engel. Die hat Papa draufdrucken lassen."[22]

- Gedichte und Geschichten vorlesen: Gerade für kleine Kinder sind Geschichten und Gedichte wichtig. Gerade nach einer Verlusterfahrung können Kinder sich mit Kindern, denen in Geschichten ähnliches widerfährt, gut identifizieren. Sie durchleben ihre eigenen Gefühle in fremden Gestalten. Eltern können durch das Vorlesen von Geschichten den Kindern Informationen bieten und ihnen den Trauerprozess näher bringen, da Bücher in Worte fassen, was Eltern vielleicht nicht können (s. Anlage 1 und 2).

10.3 Kinderfragen nach dem Tod ehrlich beantworten – Missverständliche Äußerungen

Kinderfragen nach dem Tod eines Menschen sollten immer ehrlich, klar und deutlich beantwortet werden. Besonders die Endgültigkeit des Todes muss immer betont werden, damit Kinder letztendlich die Realität annehmen können. Missverständliche Äußerungen, von denen Erwachsene denken, sie helfen dem Kind, können schwere Folgen haben.

„Die Oma ist eingeschlafen"; „Opa war sehr müde": Einschlafen und müde sein gehört für jedes Kind zum täglichen Leben dazu. Sie sind müde, schlafen ein - und wachen auch wieder auf. Wird Einschlafen mit dem Tod in Zusammenhang gebracht, kann dies entweder zu der sicheren Erwartung, dass die Oma schon wieder aufwachen wird oder aber zu Schlafstörungen führen, da Kinder Angst bekommen, einzuschlafen und nicht wieder aufzuwachen.

---

[22] Bohlmeijer, Arno; Ich muss dir etwas Trauriges erzählen, Anrich Verlag GmbH, Weinheim, 1996, S.97/107

„Wir haben deine Schwester verloren." Wenn Kinder etwas verloren haben, fangen sie an, es zu suchen. Menschen können nicht verloren gehen. Kinder fragen sich, ob sie nicht genug auf die Schwester aufgepasst haben oder ob die Eltern sie auch verlieren könnten. Dies kann zu starken Trennungsängsten führen, weil das Kind nicht auch „verloren gehen" möchte.

„Deine Tante ist auf eine lange Reise gegangen." Wieder ist der Satz nicht geeignet, Kindern die Endgültigkeit des Todes klarzumachen. Sie stehen vor vielen Fragen: Warum durfte ich nicht mitkommen? Warum hat sie sich nicht verabschiedet? Können wir sie besuchen fahren? Was heißt lang? Wann kommt sie wieder?

„Dein Bruder war sehr krank." Im Prinzip ist dies schon der richtige Weg. Unbedingt müssen nach diesem Satz jedoch weitere Erklärungen folgen, denn sonst könnten Kinder schon beim kleinsten Schnupfen Todesängste bekommen.

10.4 Kinder trösten statt vertrösten – Worte finden

Eltern oder Bezugspersonen sollten nach einer Verlusterfahrung unbedingt ehrlich und offen mit einem Kind sprechen. Was Kinder in solch einer Situation brauchen, ist das Gefühl in ihrem Schmerz, ihrer Trauer ernst genommen zu werden. Sie benötigen jemanden, der ihre Fragen ehrlich beantwortet, für sie Zeit hat und mit ihnen gemeinsam traurig ist. Durch eine intensive Zuwendung werden Kinder getröstet. Leider sind die meisten Trostversuche von Erwachsenen oft Vertröstungen. Dadurch fühlen Kinder sich abgewiesen und noch einsamer.

Worte, die vertrösten:

- „Du bist noch zu klein dafür!" Sätze dieser Art sind eine Vertröstung auf später. Sie geben Kindern das Gefühl der Einsamkeit und Ausgeschlossenheit. Kinder werden sich durch solche Sätze herabgesetzt fühlen, ihre Trauer in sich verschließen und den Trauerprozess noch schlimmer erleben, weil sie ihn ganz allein für sich erleiden müssen.

- „Nicht weinen. Schau, die süßen Schafe!" Vertrösten durch Ablenken gibt Kindern das Gefühl, ihre Fragen, ihr Schmerz seien unerwünscht und nicht angebracht. Sie merken deutlich, dass der Erwachsene nicht mit ihnen über dieses Thema sprechen will. Wiederum wird ein Gefühl der Einsamkeit gefördert.

- „Morgen sieht alles schon ganz anders aus. Das Leben geht weiter." Natürlich geht das Leben weiter, aber nicht in diesem Moment. Vertrösten durch Übergehen nimmt den Schmerz nicht wahr, lässt ihn unwichtig erscheinen. Kinder können sich nach einem

großen Verlust nicht vorstellen, dass ihr Leben wie bisher weitergeht, also sind Sätze dieser Art kein Trost, sondern völlig überflüssig.

- „Wer weiß, wozu das gut ist." Es gibt nichts, was einen Verlust für Trauernde gut machen kann. Verständnis kann so nicht übermittelt werden. Durch solche Sätze löst man bei Kindern eher Distanz und Rückzug aus, als ihnen ein Trost zu sein.

Worte, die gut tun:

- „Es tut mir so Leid für dich." Kinder erfahren dadurch Mitgefühl, Verständnis und fühlen, dass ihr Schmerz ernst genommen wird.

- „Es muss ganz schlimm für dich sein." Diese Anteilnahme zeigt Kindern, dass andere Menschen die Schwere ihres Verlustes anerkennen. Sie fühlen sich angesprochen.

- „Weißt du noch damals..." Kinder möchten gern über die geliebten Personen sprechen, sie möchten Erinnerungen austauschen und immer wieder Dinge über die Toten hören. So schafft man Gespräche, die den Kindern helfen, den Tod zu akzeptieren.

- „Heute vor einem Jahr ist er gestorben..." Todestage sind für Kinder schwer zu verkraften. Es hilft, wenn sie merken, dass auch andere an den Tod des geliebten Menschen denken.

11. Schlussbemerkung

Abschließen möchte ich diese Hausarbeit mit einem Zitat der Psychoanalytikerin Ginette Raimbaults: „Worte können Kinder denken. Aber sie können nur gehört und aufgenommen werden von denjenigen, die sich von diesen Gedanken erreichen lassen. Wenn ein Kind niemandem begegnet, der sich in seine Lage zu versetzen mag, wenn es nur auf Schweigen oder Lüge trifft, dann schweigt es auch selber. Aber, so werden einige einwenden, ein Kind weiß nicht, was der Tod ist. Selbst wenn es über ihn spricht, hat es nicht die gleiche Vorstellung von ihm wie wir. Das soll heißen, es hat überhaupt keine Vorstellung vom Tod. Und wir? Wer wollte behaupten zu wissen, was der Tod ist? Kinder brauchen keineswegs philosophische Konzepte, um sich mit dem Tod auseinanderzusetzen, um ihn zu sehen, um an ihn zu denken, sich ihn vorzustellen, ihn zu akzeptieren, ihn abzulehnen."[23] Das Leben hätte wahrscheinlich einen anderen Wert, würden wir alle es mit Kinderaugen sehen.

---

[23] http://www.stockhausenonline.de/Diplom/resumee.htm, 30.7.2002, 14:39

12. Literaturverzeichnis

Bohlmeijer, Arno; Ich muss dir etwas Trauriges erzählen, Anrich Verlag GmbH, Weinheim, 1996

Ennulat, Gertrud, Kinder in ihrer Trauer begleiten, Herder Verlag, Freiburg, 1998

Finger, Gertraud; Mit Kindern trauern, Kreuz Verlag, Zürich, 1998

Hahn, Alois, Einstellungen zum Tod und ihre soziale Bedingtheit, Ferdinand Enke Verlag, Stuttgart, 1968

Hesse, Hermann; Die Gedichte. Frankfurt/M.; Suhrkamp, 2002

Holmberg, Bo, Ein Licht in der Dunkelheit, Ravensburger Buchverlag, Ravensburg, 1999

Kaldhol, Marit; Abschied von Rune, Ellermann Verlag; Hamburg, 1999

Leist, Marielene; Kinder begegnen dem Tod; Gütersloher Verlagshaus Gerd Mohn; Gütersloh, 1979

Pohl, Peter, Gieth, Kinna, Du fehlst mir, du fehlst mir!; Carl Hanser Verlag, München, Wien, 1994

Reed, Elisabeth, Kinder fragen nach dem Tod, Quell Verlag, Stuttgart, 1972

Specht-Tomann, Monika; Tropper, Doris; Wir nehmen jetzt Abschied – Kinder und Jugendliche begegnen Sterben und Tod, Patmos Verlag, Düsseldorf, 2000

Sundvall, Viveca, Mein Bruder ist immer noch mein Bruder, Verlag Friedrich Oetinger, Hamburg, 1995

Wiese, Anja, Um Kinder Trauern – Eltern und Geschwister begegnen dem Tod, Gütersloher Verlagshaus, Gütersloh, 2001

Lightning Source UK Ltd.
Milton Keynes UK
UKHW010635280621
386280UK00001B/253